AMPHITRION,
OPERA
EN TROIS ACTES.

AMPHITRION,

OPÉRA

EN TROIS ACTES,

Représenté devant LEURS MAJESTÉS, à Versailles, le 15 Mars 1786.

DE L'IMPRIMERIE

De P. R. C. BALLARD, seul Imprimeur pour la Musique de la Chambre & Menus-Plaisirs du ROI, & de Monseigneur & Madame la Comtesse D'ARTOIS.

M. DCC. LXXXVI.

Par exprès commandement de SA MAJESTÉ.

Les Paroles font de M. SEDAINE.

La Musique de M. GRETRY.

Les Ballets de la composition de M. GARDEL l'ainé, Maître des Ballets du ROI, en survivance.

ACTEURS ET ACTRICES
CHANTANS DANS LES CHŒURS.

Côté du Roi.		Côté de la Reine.	
Les D^{lles}.	Les S^{rs}.	Les D^{lles}.	Les S^{rs}.
Girardin.	Murgeon.	Aurore.	Pucenau.
Joséphine.	Leroux.	Maker.	Marcou.
Dubuisson.	Cavaliers.	Thaunat.	Cleret.
Garrus.	Jalaguier.	Desrosiers.	Tacussel.
Rouxelin.	Jouve.	D'Hautrive.	Lory.
Sanctus.	Moulin.	Beaumont.	Fagnan.
Charmoy.	Puteau l.	David.	Leroux l.
Leclerc.	Martin.	Courneuve.	Puteau c.
	Legrand.		Larlat.
	Pousset.		Jailliot.
	Leroux c.		Touvois.

PERSONNAGES DANSANS.

PREMIER ACTE.

AMPHITRION.
Le S.' FAVRE.

GUERRIERS DE LA SUITE.
DEUX CHEFS.
Les S.'" POINON, COINDÉ.

OFFICIERS.
Les S." Siville, Dupin, Rivet, Joly.

PTERELAS ROI.
Le S.' DESHAYES.

DEUX CHEFS.
Les S." DESCHAMPS, RICHARD.

OFFICIERS.
Les S." Pladix, Dicel, Largilliere, Maffelin.

ESCLAVES.
La D.'ˡᵉ LANGLOIS.
Les D.'ˡᵉˢ Maflon, Siville, Lacofte, Courtois, Meziere, Troche, Prault, Labory.

SECOND ACTE.

PEUPLES.

Les Srs FRÉDÉRIC, LAURENT.

La D^{lle} HILIGEBERT.

Les Srs Barré, Guillet c. Henri, Cafter.
Les D^{lles} Meziere, Troche, Prault, Labory.

DAMES DE LA COUR.

Les D^{lles} ZACHARIE, DORIVAL.

Les D^{lles} Bigotini, Dancour, Puifieux, Simon, Barré, Camille, Langlois, Hortenfe.

ACTEURS.

JUPITER,	Le Sr Chardini.
AMPHITRION,	Le Sr Cheron.
SOSIE,	Le Sr Laïs.
MERCURE,	Le Sr Rousseau.
ALCMÈNE,	La D^{lle} Maillard.
BROMIA,	La D^{lle} Gavaudan c.
LA NUIT,	La D^{lle} Joinville.
LE GRAND PRÊTRE,	Le Sr Moreau.
LE HÉRAULT ET LE DÉPUTÉ, CHEF DU PEUPLE,	} Le Sr Châteaufort.

AMPHITRION,

AMPHITRION,
OPÉRA.

ACTE PREMIER.

Le Théatre représente, sur un des côtés, la façade extérieure du Palais d'Amphitrion. On remarque un Balcon, & un Perron par lequel on peut descendre sur le Théatre. Le reste du Théatre & l'autre aîle sont occupés par de grands arbres, au-delà desquels on apperçoit dans les intervalles quelques Edifices d'Architecture Grecque.

SCÈNE PREMIÈRE.

MERCURE; *sur le balcon*, LA NUIT, *sur son char.*

MERCURE.

O Nuit ! charmante Nuit !

LA NUIT.

Qui m'appelle ?

MERCURE.

LA NUIT.

Qui, dans ces lieux, eût reconnu Mercure
Ainsi vêtu, tranquille, & sans activité ?
Puis-je savoir quel motif me procure
  L'honneur de sa civilité ?

MERCURE.

Que votre char se repose ;
Suspendez la rapidité
De la course qu'il vous impose,
De Jupiter telle est la volonté.

LA NUIT.

L'ordre donné par vous m'en explique la cause.

MERCURE.

Lorsque le Souverain des Dieux,
De ses plaisirs fait un mystère,
Pour nous autres quel est le mieux ?
C'est d'obéir, & de nous taire.

LA NUIT.

Pardonnez à mon sexe, il est né curieux.

MERCURE.

Je pardonne au beau sexe, il est né curieux.

SCÈNE II.

MERCURE.

Que mon père est heureux, & moi bien misé-
rable !
Près d'Alcmène il jouit des plaisirs les plus doux,
 Et moi, le sort impitoyable
Me condamne aux propos, aux clameurs, au
  courroux
 D'une femme pire qu'un diable.
  Je crois l'entendre : non, non. . .
  Du valet d'Amphitrion
Elle est la femme, ou plutôt l'infortune.
Toute la nuit sa tendresse importune
 M'a fait déserter la maison.

SCÈNE III.

MERCURE, BROMIA.

MERCURE.

JE l'entends, ciel ! c'est elle.

BROMIA.

Ah ! Sosie ! ah ! Sosie !
Ah ! te voilà donc, traître ! Hé bien, ta perfidie
Est-elle assez certaine ? Aimer mieux, aimer mieux
 Passer la nuit entière dans ces lieux,
 Que de venir entretenir sa femme.
 Cette conduite est-elle assez infame ?
  Cela peut-il se supporter ?

MERCURE.

Mon amour ! mon cœur ! ma chère ame !
La nuit est belle, il faut en profiter.

BROMIA.

En profiter ! Après six mois d'absence,
En profiter ainsi ! c'est donc la récompense

De mon amour, de ma vertu ?

MERCURE.

De ta vertu, de ta vertu ?

BROMIA.

Oui, oui, traître, de ma vertu.

MERCURE.

Ma femme, un peu de patience,
Moins de vertu, plus de silence.

BROMIA.

Ah ! perfide ! méritois-tu
D'épouser une femme honnête ?

MERCURE.

Et qui me vient rompre la tête
De sa vertu.

BROMIA.

De ma vertu ?

MERCURE.

Ma femme, un peu de patience,
Moins de vertu, plus de silence.

A 3

BROMIA.

Moins de vertu ! Tu souffrirois
Que je fisse quelqu'amourette.

MERCURE.

Sans doute.

BROMIA.

Et tu consentirois
A quelqu'intrigue secrette
Qu'en ton absence je ferois ?

MERCURE.

Certainement.

BROMIA.

Sans regret tu verrois
Qu'ingrate, infidelle & parjure,
A l'Hymen je ferois injure ?

MERCURE.

Oui, ma femme, & sans nul regret.

BROMIA.

Infame ! il ne te manqueroit
Que d'en être le Mercure.

MERCURE, *à part.*

Chez les Mortels, il me paroît
Que je suis en belle posture.

BROMIA.

Infame ! il ne te manqueroit
Que d'en être le Mercure.

MERCURE.

Mais j'apperçois Sofie. Il faut qu'en ce moment
De Bromia je me délivre.
Va, mon cher cœur, je vais te suivre.

BROMIA.

Tu vas me suivre ?

MERCURE.

Oui.

BROMIA.

Vraiment ?
Ah ! tu ne m'aimes plus !

MERCURE.

Mais suivant ton mérite,
Ainsi que je t'aimai toujours.

BROMIA.

Ah ! je ne suis plus tes amours !

MERCURE.

Tu le verras par ma conduite ;
Mais vas t'en, sur-tout vas t'en vîte.

Vas t'en donc.

BROMIA.

Mais tu vas me suivre.

MERCURE.

Vas t'en vîte, je vais te suivre.

BROMIA.

Mon Sofie est tout pour mon cœur!

MERCURE.

Vas t'en donc pour notre bonheur.

BROMIA.

C'est pour toi seul que je veux vivre.

MERCURE.

Hé! vas t'en, pour notre bonheur,
Hé! vas t'en donc, mon tendre cœur.

BROMIA.

Oui, mon cher cœur, &c.

SCÈNE IV.

MERCURE.

JE renoncerois aux Autels
Si, de même que les Mortels,
Il falloit écouter de tels propos de femme ;
Mais voici, mais voici le mari de la Dame.

SCÈNE V.

MERCURE, SOSIE.

SOSIE.

ENFIN voilà notre maison,
Sans nulle rencontre fâcheuse :
  Ah ! que je vais rendre heureuse
  La femme d'Amphitrion.

MERCURE.

Nous verrons.

SOSIE.

Arrêtons, j'ai peur encor.

MERCURE.

Poltron !

SOSIE.

Hon ! je crois entendre mon nom.
Si près de la maison je reprends de l'audace.
  Mais cette nuit paroît sans fin,
Les étoiles toujours sont à la même place ;
Oui, la Nuit s'est sans doute arrêtée en chemin,
Ou Thétis & Phébus sont endormis ensemble,
Pour s'être largement imbibés de bon vin.

MERCURE.

  Comme parle ce coquin ;
  Il croit qu'un Dieu lui ressemble :
    Tu sentiras si ma main
Sait punir d'un maraud le propos libertin.

SOSIE.

Mais avant que d'entrer, il est bien que je pense
A ce que je dirai sur ce fait d'importance ;
  Il ne faut pas embrouiller tout ceci.
On va me demander comment tout se gouverne,
Il faudra bien répondre, & je réponds ainsi :
    Posons là d'abord ma lanterne,
    Et réfléchissons sur ceci ;
Croyons que je la vois. Alcmène, oui, la voici,
                    La voici.

J'arrive, je m'avance, alors elle s'écrie :
« Ah ! c'est Sosie ! ah ! c'est Sosie !
Oui, Madame, c'est moi. Ciel ! que fait mon
mari ?
« Ah ! dis-moi vîte, mon ami,
« Ce qu'il fait. Ce qu'il fait ? ah ! Madame, victoire !
La victoire est à nous. « Hé ! n'est-il pas blessé ?
Non, Madame. « Ah ! puis-je te croire ?
Sans doute. « Ah ! dis-moi donc tout ce qui s'est
passé,
« En abrégé, sans rien oublier de sa gloire ?
Abréger & n'oublier rien,
Cela me paroît difficile.

MERCURE.

Il a raison.

SOSIE.

N'importe, je veux bien
Sur ce point vous rendre tranquille.
« Dis-donc vite. Attendez, cela n'est pas facile ;
Attendez qu'un instant je rappelle à part moi
Ce qui s'est fait : ah ! oui. D'abord de bonne-foi,
Amphitrion, le Général de Thèbes
Et le Roi Ptérélas, Général de Thélèbes,
Sortent des rangs, & conviennent entre eux
Quel sera le sort malheureux

De ceux qui perdront l'avantage.
Ils ont dit : Les vaincus, dans ce combat fameux,
Des vainqueurs feront le partage,
Eux, leurs enfans, leurs femmes & leurs Dieux
Passeront tous en esclavage.
« Leurs femmes, me dis-tu ? Oui, Madame. Ah !
grands Dieux !

Mercure.

Je veux, sur ce qu'il dit, porter bon témoignage ;
Mon père & moi nous vîmes le combat.

Sosie.

Madame, après ce résultat,
On entend retentir les sons de la trompette ;
Aux cris que notre soldat jette,
L'ennemi répond par ses cris :
Nous avançons, & le combat s'engage,
Les traits & la poussière obscurcissent les airs
La mort, le désespoir, la fureur & la rage
Se montrent en tous lieux sous mille aspects divers.
Enfin, malgré tout leur courage,
Nous faisons d'eux un terrible carnage.
Par-tout on n'entend que ces cris :
Ah ! je me meurs ! ah ! je péris !

» Et mon mari? C'eſt là qu'Amphitrion s'élance.
» Hé bien, Amphitrion, dis-moi donc vîte, hélas!
 Attendez donc, ne m'interrompez pas.
C'eſt-là qu'Amphitrion, Madame, de ſa lance,
  A percé le Roi Ptérélas,
  Et je l'ai vu tomber. Dirai-je
Que je l'ai vu tomber? Oui, certe, & que craindrai-je?
 Oui, je l'ai vu tomber, Madame, & ſon trépas
  Porte l'effroi dans ſon Armée.
  Alors notre Cavalerie
  S'avance en appuyant ſes rangs;
  Non, non, c'étoit l'Infanterie;
  Oui, oui, c'eſt la Cavalerie.
Elle s'avance en appuyant ſes rangs.
   Toute leur Infanterie
   Prend vingt chemins différens.
   L'eſcadron vole & ſe rue
   Sur les ennemis épars,
   Ce n'eſt plus qu'une cohue
   De mourans & de fuyards.

     MERCURE.

  Ah! Soſie! ah! je ſuis charmé
  De la mort de ce Ptérélas.

SOSIE.

Par Jupiter! j'ai cru l'entendre;
J'aurois juré,.... mais entrons fans attendre
Plus long-temps.

MERCURE.

Qui va là.

SOSIE.

Moi.

MERCURE.

Toi. Qui toi?

SOSIE.

Moi, moi,
Sofie.

MERCURE.

Hé mais c'eft moi.

SOSIE.

Toi Sofie?

MERCURE.

Oui, c'eft moi.

SOSIE.

Non, non ce n'eft pas toi.

MERCURE.

C'eft moi qui fuis Sofie,

Valet d'Amphitrion.

SOSIE.

Valet d'Amphitrion ?

MERCURE.

Valet d'Amphitrion ?

SOSIE.

Valet d'Amphitrion.
Non, c'est moi qui le suis, c'est moi qui suis Sosie.

MERCURE.

Sais tu que je te fais mourir sous le bâton,
Si d'usurper ce nom il te prend fantaisie.

SOSIE.

Mais je ne peux pas être un autre que Sosie.

MERCURE.

Non, non, c'est moi qui suis Sosie.
Fils de Dave, où vas tu ?

SOSIE.

Mais dans notre maison.

Mercure.

Dans ta maison, fripon! s'il te prend quelqu'envie
   D'approcher de cette maison,
  Je te ferai mourir sous le bâton.

Sosie.

Ah! si j'osois! Mais il n'a pas l'air tendre:
  Ah! que n'ai-je pour me défendre
  Autant de cœur que de raison.

Mercure.

Que dis-tu?

Sosie.

  Rien.

Mercure.

    Enfin c'est moi qui suis Sosie,
Valet d'Amphitrion.

Sosie.

  Valet d'Amphitrion?

Mercure.

C'est moi qu'il vient d'envoyer vers Alcmène,
Lui dire du combat la nouvelle certaine,
Enfin ce qui s'est fait de l'un & l'autre bout.

                      Sosie.

SOSIE.

Tout.

MERCURE.

Tout.

SOSIE.

Tout.

MERCURE.

Tout.

SOSIE.

Tout ! tu fais tout, dis-tu ? je m'en vais te confondre,
Voyons si tu peux me répondre.
Quelle fut la part du butin
Qu'Amphitrion reçut ?

MERCURE.

Un ouvrage divin,
Où Bacchus est gravé près de Vénus assise,
La coupe d'or du Roi qu'il tua de sa main.

SOSIE.

Il ne ment pas d'un mot : hé mais où l'a-t-on mise ?..
Nous allons voir.

MERCURE.

Où mise ? hé mais dans un coffret
Scellé du cachet de mon maître.

B

Sosie.

O ciel ! comment peut-il connoître ?...
Hé quel est le cachet qui ferme ce coffret ?

Mercure.

Le Soleil dans son char désigne ce cachet.

Sosie.

Je n'aurois pas mieux dit, le traître !
Mais puisque tu sais tout, ce que tu sais le mieux
Est ce qu'a fait Sosie.

Mercure.

Ah ! sans doute.

Sosie.

En ces lieux,
Pendant qu'on se battoit au milieu de la plaine,
Que faisois-je ?

Mercure.

Moi ?

Sosie.

Moi.

Mercure.

D'un vin de Tenedos,
J'avalois bravement chopine d'une haleine.

SOSIE.

D'une haleine! il l'a dit.

MERCURE.

Finissons ce propos;
Je suis Sosie enfin.

SOSIE, à part.
Mais c'est moi.

MERCURE.

Non, c'est moi.

SOSIE.

Je ne dors pas ; plus je le considère ,
Plus je suis étonné de l'homme que je vois ;
Bien fait, de bonne mine, en tout semblable à moi.

MERCURE.

Son embarras me plaît.

SOSIE, à part.

Mais l'affaire est bien claire ,
Et ce n'est point une chimère ;
Je suis venu du port cette nuit, me voilà ,
Oui, me voilà.
Mais entrons sans tarder, pour éclaircir cela.

MERCURE.

Où vas-tu, scélérat ?

SOSIE.

Hé mais, je m'en vais là.
MERCURE.
Ah ! tu veux de la baſtonnade.

SOSIE.

A l'aide ! ô mes amis ! ô mes concitoyens !
A mon ſecours, Thébains, Thébains !

MERCURE.

Ah ! tu veux de la baſtonnade.
Le plus court eſt de t'en aller.

SOSIE.

O Jupiter ! j'ai fait une belle ambaſſade !
Ciel ! que dire à mon maître, & comment lui parler ?

OPÉRA.

SCÈNE VI.

MERCURE.

JE crains que Bromia ne vienne.
J'aurois, sans ce soupçon, fait causer ce valet;
Il m'amusoit par son caquet:
Mais voici Jupiter accompagné d'Alcmène.

SCÈNE VII.

JUPITER, ALCMÈNE, MERCURE, BROMIA.

BROMIA, à MERCURE.

VOILA donc comme tu me fuis:
Ah! je me vengerai, traître, de tes mépris.

QUATUOR.

ALCMÈNE.	BROMIA.
Quoi! vous me quittez si vite?	Ingrat! ingrat! vois leur bonheur
Adieu donc tout mon bonheur.	

JUPITER.

Mon Alcmène, oui je vous quitte,
Mais je vous laisse mon cœur.

ALCMÈNE.

La nuit a passé si vite.

JUPITER.

Le bonheur la précipite.

ALCMÈNE.

Adieu donc tout mon bonheur.

JUPITER.

Ah ! mon Alcmène ! ah ! de grace
Ne retardez pas
Mes pas.

ALCMÈNE.

Mon cœur va voler sur ta trace.

MERCURE.

Oui, Bromia, c'est d'un grand cœur
Que je marche & suis sa trace.

BROMIA.

Perfide ! que la disgrace
Accompagne tous tes pas.

MERCURE.

Bromia, c'est une grace
Que d'accompagner ses pas ;
Et de fuir ce qu'on n'aime pas.

BROMIA.

Perfide ! que la disgrace
Accompagne tous tes pas.

SCÈNE VIII.

JUPITER, ALCMÈNE, MERCURE, BROMIA, DES CAPTIFS.

MERCURE.

Amphitrion, je vous amène
Les Captifs que vous avez faits.

JUPITER.

Mercure pense à tout. (*à ALCMÈNE.*) Brisez,
Brisez leur chaîne,
Et renvoyez ces prisonniers en paix.

MERCURE.

C'est pour lui présenter la coupe,
La coupe du Roi Ptérélas,
Que cette Troupe
Vient rendre hommage à ses appas.

(*Alors un grand Ballet qui représente le combat; les deux Généraux se parlent; les deux Troupes se heurtent; l'une est en fuite; un Amphitrion tue un Roi Ptérélas; on fait des prisonniers & des prisonnières; ils apportent la coupe du Roi & la présentent à Alcmène; Alcmène fait briser leurs chaînes, ils dansent, on chante.*)

MERCURE.

Jupiter dans le Ciel même,
Près de l'auguste Junon,
Envieroit le bien suprême
Du mortel Amphitrion.

Une épouse belle & sage
Doit obtenir des Autels,
Pour le bonheur des Mortels

Elle est un trop beau partage.
Une épouse belle & sage
Doit obtenir des Autels.
Jupiter &c.

(*On danse.*)

ALCMÈNE.

Amphitrion !

JUPITER.

Mon Alcmène ! ah ! de grace
Ne retardez pas
Mes pas.

ALCMÈNE.

Mon cœur va voler sur ta trace.

JUPITER.

Avant deux jours ton époux reviendra.

BROMIA.

Adieu, traître !

MERCURE.

Adieu, Bromia !

Fin du premier Acte.

ACTE II.

Le Théatre représente une Place publique de la Ville de Thèbes, un Temple sur un des côtés, d'Architecture Grecque; on y monte par des marches qui paroissent servir de base aux Colonnes du Portique.

Sur le haut du Perron paroissent des Prêtres; des Trompettes appellent le Peuple, qui accourt de tous les côtés de la Ville, hommes & femmes.

SCÈNE PREMIÈRE.

LE GRAND-PRÊTRE, PEUPLE.

LE GRAND-PRÊTRE.

PEUPLES Thébains ! prêtez l'oreille
Aux vérités que je vais révéler;
Le Messager des Dieux m'annonce une merveille
Qu'il ne m'est pas permis de vous dissimuler :
Écoutez, par ma voix Jupiter va parler.

A Thèbe, une femme fidelle,
Sera la mère d'un Héros
Qui, fils de Jupiter, par d'immenses travaux,
Doit s'acquérir une gloire immortelle.

ENSEMBLE.

LES THÉBAINS.
Du sein d'une Epouse fidelle,
Il doit naître un Héros !
Qui, fils de Jupiter,
Doit s'acquérir une gloire immortelle ?
Qui, fils de Jupiter ?
(*Aux Femmes*).
Votre cœur ne sera jamais
A vos époux infidèle.

Votre cœur ne sera jamais
A vos époux infidèle.

LES THÉBAINES.
Fidelle !
Il doit naître
Un Héros ?
Fils de Jupiter, & fidèle ;
Immortel, & fidèle,
Et sa mère seroit fidelle.
(*A leurs Maris.*)
Soyez en paix, vivez en paix,
Notre cœur ne sera jamais
A nos époux infidèle.
(*A part.*)
O Jupiter ! toute mortelle
Doit se soumettre à tes décrets.
(*A leurs Maris.*)
Notre cœur ne sera jamais
A nos époux infidèle.

SCÈNE II.

Les Personnages précédens, UN HÉRAULT.

UN HÉRAULT.

Des Thébains, en ce jour, j'annonce la victoire ;
Par elle Amphitrion vient de combler sa gloire.

CHŒUR.

Amphitrion vainqueur ! Ah ! pour lui quelle gloire !
Célébrons ce grand jour, célébrons sa victoire.

LE GRAND-PRÊTRE.

Peuple, rassemblez dans ces lieux
Les danses, les plaisirs, les concerts & les jeux :
Allez vous préparer pour chanter notre gloire,
  Et présenter aux Dieux
  Les trésors précieux
Que doit nous donner la Victoire.

SCÈNE III.

Les Personnages précédens, ALCMÈNE.

ALCMÈNE *arrive précédée d'un grand cortège, de ses Esclaves, de ses Femmes, qui portent sur leurs épaules la Coupe du Roi Ptérélas ; elle est portée sur un plat de vermeil.*

ALCMÈNE, *aux Prêtres.*

  Je viens présenter aux Autels
Ce prix de la valeur, ce don de la Victoire ;
  C'est au Père des Immortels
Qu'Amphitrion consacre un rayon de sa gloire.

(*Elle monte les marches du Temple, les Prêtres la reçoivent, & le Peuple la suit ; les portes du Temple se ferment.*)

SCÈNE IV.

AMPHITRION, SOSIE.

AMPHITRION.

Quoi! malheureux! tu veux me faire croire
A ton propos impertinent.
Ah! peu s'en faut, pour prix de cette indigne his-
toire,
Que je n'écrase un esclave insolent.

SOSIE.

Battez-moi, tuez-moi, vous le pouvez, mon maître,
Mais non pas empêcher que cela n'ait été ;
Je vous dis bien la vérité,
Et ne peux autrement vous la faire connoître.

AMPHITRION.

O Ciel!

SOSIE.

Me dire deux lorsque je ne suis qu'un
Doit paroître une extravagance ;
Je sais bien que cela n'a pas le sens commun,
C'est hors de toute vraisemblance ;

Mais il n'est pas moins vrai.

AMPHITRION.

Comment, tu t'es battu?

SOSIE.

Oui, je me suis battu.

AMPHITRION.
Un autre Toi?

SOSIE.

Un autre Moi.

AMPHITRION.
Un Sosie étoit là venu ?

SOSIE.
Un Sosie étoit là venu.

AMPHITRION.
Avant qu'en mon Palais tu fusses parvenu?

SOSIE.
Bien avant que chez nous je fusse parvenu.

AMPHITRION.
Ivrogne! c'est le vin.

SOSIE.
Moi! non, je n'ai point bu.

Ensemble.

Amphitrion.	Sosie.
Vas-t'en, & fors de ma présence.	Le Ciel connoît mon innocence.
Tremble que dans ma violence...	A vos genoux, Seigneur, vous me voyez tremblant.
Que je n'écrafe un efclave infolent.	
Fuis ma préfence.	
Eloigne-toi : fors, efclave infolent.	
Vas-t'en, & fors de ma préfence,	
Et crains ma violence...	
Non, non, reviens, écoute....	
Hé bien, viens-tu ?	
Alors qu'a dit Alcmène?	

Sosie.

Alcmène ! en confcience,
Et, par Jupiter, ai-je pu
Approcher du logis tant ce moi m'a battu?

Amphitrion.

Il faut que j'aie un fonds de patience
Qui m'étonne moi-même, & jamais ma vertu
Ne s'impofa plus de prudence.
Mais, allons, & fuis-moi ; je ferai dans ce jour
Que de mentir il te fouvienne.

SCÈNE V.

AMPHITRION, SOSIE, ALCMÈNE, BROMIA.

AMPHITRION.

Mais que vois-je ! Ciel ! c'est Alcmène !
Ah ! mon Alcmène !

ALCMÈNE.

Ah ! vous ! quoi déjà de retour ?

AMPHITRION.

Déjà !

ALCMÈNE.

Déjà ?

SOSIE ET BROMIA.

Déjà !

ALCMÈNE.

Le Ciel me favorise.

AMPHITRION.

Quoi ! déjà, dites-vous ?

ALCMÈNE.

Pourquoi cette surprise ?

Ce matin vous disiez que seulement demain...
AMPHITRION.
Ce matin je disois que seulement demain ?
Est-ce, ma chere Alcmène, une plaisanterie ?
ALCMÈNE.
Oui, ce matin vous disiez que demain
 Votre retour seroit certain.
AMPHITRION.
Pour la seconde fois, dites-moi, je vous prie,
Si c'est, ma chère Alcmène, une plaisanterie ?
ALCMÈNE.
Non, non, & quand hier mon cœur vers vous vola,
Je ne vous ai pas dit, quoi ! déjà ! quoi ! déjà !
AMPHITRION.
 Hier ici je vous ai vue ?
ALCMÈNE.
 Sans doute, & je bénis le ciel
 De cette arrivée imprévue
 Qui m'amenoit le seul Mortel
 Dont mon ame pût être émue.
AMPHITRION.
Hier je suis venu ? mais y pensez-vous bien ?
ALCMÈNE.

ALCMÈNE.

Oui, sans doute, j'y pense bien,
Même j'en jure, & du fond de mon ame...

AMPHITRION.

Vous osez en jurer, Madame ?
Un serment ne vous coûte rien.
Hier je suis venu ?

ALCMÈNE.

Sans doute.

AMPHITRION.

      Quelle audace !

ALCMÈNE.

Ne dois-je pas dire la vérité ?
Interrogée, il faut que je vous satisfasse.

AMPHITRION.

Non, jamais mon esprit ne fut plus agité
 Mais réprimons ma trop juste colère,
 Et reprenons l'empire de mes sens.
Alcmène, écoutez-moi, répondez sans mystère,
Détaillez-moi bien tout, parlez, je vous entends.

ALCMÈNE.

Oui, vous vîntes hier : hélas ! sans vous attendre,
Malgré l'obscurité, j'ai reconnu vos pas ;

C

Je vous vois (c'est ici), je cours, & sans m'entendre
    Vous m'avez prise dans vos bras,
Et dans notre palais, empressés à nous rendre,
Les flambeaux allumés, nous prîmes un repas.
Qu'il fut charmant ! que l'entretien fut tendre !
    Et des Esclaves délivrés,
Vous me prîtes la main (devois-je m'en défendre ?)
    Et nous nous sommes retirés.

AMPHITRION.

Ensemble ?

ALCMÈNE.

Ensemble.

AMPHITRION.

    Ensemble ! ah ! grand dieux ! quel outrage !
Mais c'est trop abuser d'un pareil badinage.

ALCMÈNE.

Que dites-vous ? un badinage ?
Sosie & Bromia l'un l'autre sont témoins,
Et de votre arrivée, & de vos tendres soins.
(*à Bromia & à Sosie.*)
    Parlez, n'étiez-vous pas témoins ?

BROMIA.

Oui, Madame.

SOSIE.

    Moi ! non.

ENSEMBLE.

BROMIA.
Comment donc, traître, tu le nies ?
Quoi ! tu peux
Démentir nos yeux ?

ALCMÈNE.
Cher époux !

BROMIA.
Quoi ! tu n'étois pas là, Sosie ?
Tu n'en sais rien, tu n'en sais rien ?
Dieux ! quelle impudence !
Quelle impertinence !
Quelle extravagance !
Oh ! le plus grand des scélérats !

ALCMÈNE.
Traître, tu nous démentiras ?

SOSIE.
Eh oui, ce sont des calomnies,
Oui, je veux
Démentir tes yeux.

AMPHITRION.
Laissez-moi ; que mon trouble est affreux !

SOSIE.
Eh oui, sans doute, je le nie,
Je sais bien que je n'en sais rien ;
Tu diras ce que tu voudras,
Mille fois tu le soutiendras,
Ce n'est pas moi, ce n'est pas moi.

AMPHITRION.
Cruel moment ! que faire hélas !

ALCMÈNE.

Punissez donc cet insolent Esclave.

AMPHITRION.

Il ne l'est point, c'est vous, dont le propos me brave.

ALCMÈNE.

Amphitrion, si vous n'étiez venu,

De qui faurois-je la victoire,
Et la mort de ce Roi que vous avez vaincu?

AMPHITRION.

Vous la favez?... Je ne puis croire
Sofie,

SOSIE.

Hé bien?

AMPHITRION.

Ah! traître, tu l'as dit.

SOSIE.

Moi, Seigneur, non.

ALCMÈNE.

A moi vous l'avez dit vous-même,
Et du combat par vous j'ai fu tout le recit:
Mais faut-il une preuve & claire & fans emblême?
De qui pourrois-je avoir reçu
La coupe d'or de Ptérélas vaincu?
Cette coupe admirable, où l'on voit Cithérée....
Et de plus ces Captifs que vous m'avez offerts.

AMPHITRION.

Où font-ils?

ALCMÈNE.

J'ai brifé leurs fers.

AMPHITRION.

Et cette coupe d'or ?

ALCMÈNE.

Ma main l'a consacrée
A Jupiter, & vous allez la voir.

AMPHITRION.

Non, non, vous ne pouvez l'avoir ;
Car cette coupe d'or qui vous a tant charmée,
Grace au Ciel est en mon pouvoir.
(à Sosie.)
Cours chercher la cassette où je l'ai renfermée ;
(à Alcmène.)
Et de m'en imposer vous perdrez tout espoir.

(ALCMÈNE rentre dans le Temple pour chercher la coupe, & Sosie court chercher la cassette.)

SCÈNE VI.
AMPHITRION.

Dieux ! quel complot détestable !
Quoi ! ma femme & mon valet !
　Pour me rendre le jouet
　D'un mensonge abominable....
Je saurai quel est l'objet
De ce mensonge abominable.
　Mais quel soupçon me saisit !
Ensemble, dit-elle, ensemble
　Ils ont passé cette nuit.
Quelque chose qu'il me semble,
　Que je dois être irrité !
　Je dois punir l'indécence,
　Ses propos, son assurance,
　Et ce regard effronté,
　Qui se rit de l'innocence,
　En s'accusant d'impudence,
　Et d'une infidélité.

Dieux ! quel, &c.

SCÈNE VII.

AMPHITRION, ALCMÈNE, un Prêtre *portant la coupe*, SOSIE *arrive d'un autre côte apportant un coffre*, et BROMIA.

ALCMÈNE.

Amphitrion, douterez-vous encor?
Reconnoissez ce vase d'or
Que vous m'avez donné vous-même.

AMPHITRION, *prenant & examinant le vase.*
Ciel que vois-je! grand Dieux! ma surprise est
extrême!
Mais voyons le cachet.

SOSIE, *le montrant sur le coffre ouvert.*
Seigneur.

AMPHITRION.

Pourquoi brisé?
Pourquoi?

SOSIE.

C'est moi.

AMPHITRION.
Quoi ! toi ?
SOSIE.
Dans mon impatience,
Imprudemment.
AMPHITRION.
Quel degré d'insolence !
Tu brises ce cachet par moi-même posé.
SOSIE.
Pour leur prouver plutôt qu'ils en ont imposé,
Pour apporter la coupe & non pas la cassette.
AMPHITRION.
Je vois enfin le but d'une intrigue secrette,
Et du piège indigne où l'on veut m'engager :
La trahison est trop visible.
Si je retiens l'ardeur de me venger,
C'est pour la rendre plus terrible.
Pour vous, ô Ministres des Dieux !
Vous n'avez pas trempé dans ce complot affreux :
Mais vous, femme ingénue autant que respectable,
Quels que soient mon amour, vos traits, votre
beauté,
Je dois punir dans Alcmène coupable,
Ou l'indécence, ou l'infidélité.

Les Chefs de notre armée, Alcidas & Pirrhenne,
Vous le diront, perfide Alcmène,
Si j'ai pu me rendre en ces lieux.

ALCMÈNE.

Pour moi que ce jour est affreux !

ENSEMBLE.

ALCMÈNE.	AMPHITRION.
Tu croirois que mon cœur coupable D'un mensonge seroit capable? Amphitrion, Ah! cher époux! non, non. O Ciel! que faire; où puis-je avoir recours!	Oui, je crois que ton cœur coupable Est de ce mensonge capable. Oui, oui, perfide Alcmène, Bientôt Alcidas & Pirrhenne Confondront tes affreux discours.

(Ils sortent chacun de leur côté.)

SCÈNE VIII.
BROMIA, SOSIE.

SOSIE, *à part.*

Comment pourra cesser un pareil trouble?

BROMIA, *à part.*

Amphitrion a tort, il cause l'embarras;
Mais ce méchant qui nie, & dit qu'il ne sait pas.

SOSIE, *à part.*

Alcmène a tort, dans tout cet embarras;
Mais, de même que moi, si mon Maître étoit double!

BROMIA, *à part.*

Voyez si vers sa femme il portera ses pas.

SOSIE, *à part.*

Interrogeons, doutons... non, non, ne doutons pas.

BROMIA, *à part.*

Il ne me dira rien le traître.

SOSIE, *à part.*

Doutons..... non je veux tout connoître,
Par ses propos je serai convaincu,
Si mon double fripon ne m'aura que battu.

BROMIA, *à part.*

Mais il s'approche, ce me semble.

SOSIE.

Ah! Bromia, qui l'eût dit?
Quand j'y songe, moi, je tremble
Qu'avec toi quelque dépit
Ne nous mette un jour mal ensemble.

BROMIA.

Ah! mal ensemble!

SOSIE.

Pour moi, quand j'arrivai, je te traitai, sans doute,
Avec tous les transports d'une tendre amitié.

BROMIA.

Tu ne t'en souviens pas?

SOSIE.

Non, dis-moi; je redoute
D'avoir peu ménagé ma fidelle moitié.

BROMIA.

Tu ne t'en souviens pas?

SOSIE.

Non.

BROMIA.

Je ne peux le croire.

SOSIE.

Hélas! tu peux me croire;
Dans le combat, un coup que j'ai reçu
A justement frappé sur ma mémoire,
Et depuis cet instant, de tout ce que j'ai sçu,

Je ne peux bonnement me rappeller l'histoire.
BROMIA.
Vraiment ?
SOSIE.
Oui.
BROMIA.
Bon ! tu fais.
SOSIE.
Que je le sache encor.
BROMIA.
Ah ! le traître (*à part.*) D'abord !
SOSIE.
Hé bien, d'abord ?
BROMIA.
D'abord
En bon époux tu m'as fait cent carresses.
SOSIE.
Moi ?
BROMIA.
Toi.
SOSIE.
Maudit Sofie !... Hé ! bien ? ensuite enfin
BROMIA.
Toujours sans repos & sans fin,
Tu m'as rendu tendresses pour tendresses.

OPÉRA.

SOSIE, *à part.*

Ah! quelles paroles traîtresses!
Que ne puis-je douter de mon cruel destin!

BROMIA.

Ensuite ton départ....

SOSIE.

Quand?

BROMIA.

Hé mais ce matin.

SOSIE.

Le scélérat! Hé bien? après?

BROMIA.

Après, infame!
Tu demandes comment tu sus traiter ta femme?
Quoi! tu ne rougis pas des procédés affreux
Que pour moi cette nuit tu fis voir dans ces lieux?

SOSIE.

Quels procédés! dis, dis, ah! tant-mieux.

BROMIA.

Quoi! tant mieux?

SOSIE.

Oui, tant mieux.

BROMIA.

Et tu veux pour combler cet amas d'infamies,
Que je fasse un récit de tant de perfidies.

SOSIE.

Raconte-moi bien tout, & que j'en fois certain.

BROMIA.

Me repouffer avec dédain.

SOSIE, *à part.*

Bien! bien, bien.

BROMIA.

M'injurier & détourner la tête,
Lorfque de t'embraffer je me fais une fête,
Et fans me regarder me repouffer la main.

SOSIE.

Quoi! j'ai fait tout cela? je ne m'en fouviens guère;
Mais enfin, qu'ai-je dit étant feul avec toi?

BROMIA.

Seul avec moi! jamais, en dépit de ta foi,
Aimer mieux en plein air paffer la nuit entière,
Que de la paffer près de moi.

SOSIE.

Vive Sofie!

BROMIA.

Ah! je veux fuivre
Le confeil que tu m'as donné,
Je veux le fuivre, & je veux vivre

Comme tu me l'as ordonné.

SOSIE.

Quel conseil!

BROMIA.

Oui, j'aurai la gloire
D'avoir un amant, même deux;
Tu me l'as conseillé, je veux avoir la gloire
D'avoir autour de moi trois ou quatre amoureux.

SOSIE.

Ne me crois pas.

BROMIA.

           Je veux te croire.
Trois ou quatre amans sur mes pas.

SOSIE.

Je badinois, ne me crois pas.

BROMIA.

Et qui rendront à mes appas
Un hommage bien méritoire.

SOSIE.

Ne me crois pas.

BROMIA.

           Je veux te croire.
L'avis est bon, je veux te croire.

SOSIE.

Il est mauvais.

BROMIA.

Je veux te croire.

SOSIE.

Ne me crois pas, ne me crois pas.

SCÈNE IX.
LES PRÊTRES.

LES PEUPLES *accourent pour danser & célébrer la victoire. On apporte en triomphe, les dépouilles des Temples de Thélèbes.*

LES PRÊTRES.

Ces trésors sont pour les Cieux,
Offres-les, offres-les aux Dieux.

LE CHŒUR.

Offrons-les aux Dieux.

SCÈNE X.

SCÈNE X.

AMPHITRION, SOSIE, LE PEUPLE THÉBAIN.

LE DÉPUTÉ.

Amphitrion, votre victoire....
AMPHITRION.
Arrêtez, j'ai perdu ma gloire.
LE DÉPUTÉ.
Peuple, chantez cette victoire.
LE CHŒUR.
Amphitrion chéri des Dieux,
De Thebe en ce jour fait la gloire,
Que son nom soit illustre, & monte jusqu'aux cieux,
Chantons, chantons cette victoire.
(On danse, on veut lui poser sur la tête une Couronne de lauriers, il la repousse.)
AMPHITRION.
Arrêtez, suspendez vos chants,
Laissez-moi me livrer à des soins plus pressans.
(Il reste un peu sur la Scène, ses mouvemens sont ceux d'un homme furieux, il sort : les Danses s'arrêtent, & peuvent continuer pendant la finale.)

D

SCÈNE XI.

Une Scène de caquets, DIFFÉRENS GROUPES.

UN THEBAIN.

Pourquoi, pourquoi cette fureur?

UN TROISIEME THÉBAIN.

Auroit-il perdu la victoire ?

UN QUATRIEME THÉBAIN.

Savez-vous pourquoi sa fureur ?

PLUSIEURS THÉBAINS.

On dit... je sais... de qui ? c'est une horreur...
Quoi donc ?... je ne sais trop, si la chose est certaine,
Hé bien dites, après,

(*Une femme d'un ton de mystère à un Groupe qui s'approche.*)

CETTE FEMME.

On dit que près d'Alcmène,

Il a trouvé certain Thebain,

Plusieurs Thébains.

Qui ? quoi ?... quand ? On dit que ce Thebain,
Hé bien ? hé bien ? On dit que ce Thebain.

(*Lorsque l'autre Groupe reprend, celui-ci a l'air
de rachever à l'oreille la confidence.*)

L'autre Groupe.

Son Valet a volé ce qu'en une cassette
Il avoit mis,

Un Autre.

Si le fait est certain,
Il faut que ce Valet s'apprête,
A subir un cruel destin.

Les Femmes.

Tant mieux, sa femme insolente & coquette
De son orgueil sera punie enfin,
Oui, son mari frappé de son destin,
Va nous venger de son cruel dédain.

Les Hommes.

Le secret est en bonne main,

Il doit frémir de son destin.
  (*Aux Femmes.*)
Paix donc, quelle rage indiscrete !
Le fait n'est pas encor certain.

Fin du second Acte.

ACTE III.

Le Théatre représente une des ailes du Palais d'Amphitrion, dont le perron s'avance & descend sur le Théatre.

On voit descendre des Femmes esclaves chargées de meubles riches qu'elles déposent sur les marches de ce perron.

SCÈNE PREMIÈRE.

ALCMÈNE.

O Déesse conservatrice
De la chasteté de mes nœuds !
O Junon ! ô ma protectrice !
Tu vois mon état malheureux.
Lieux témoins de mon innocence,
Ah ! je vous quitte pour toujours,
    Pour toujours.
Vous le savez si dans leurs cours
Jamais de pudiques amours
Ont mérité plus de constance.

LES FEMMES SUIVANTES.

Alcmène consolez-vous,

Les Dieux vengent l'innocence.
Il doit vous être bien doux
De ne pas mériter l'offense
Que vous a faite votre époux.

ALCMÈNE.

Ingrat est-ce la récompense,
D'avoir comblé tous tes desirs ?
Tu me jurois,... ah quand j'y pense
Que de transports ! que de plaisirs !
Tu me jurois,... & tu le nies.
D'injurieuses calomnies
Accusent l'ardeur de mes feux.
Je t'aimois tant... je te déteste...
Ciel le voici ! Moment funeste !
(Elle apperçoit Jupiter amphitrionisé, se tourne vers ses esclaves.)
Suivez mes pas, quittons ce lieu,
Ah ! je lui dis un éternel adieu.

SCÈNE II.

JUPITER, ALCMÈNE. *Les* SUIVANTES *d'abord, ensuite elles se retirent.*

JUPITER.

Que faites vous esclaves indiscrets?
Epargnez vous une inutile peine;
Reportez vîte en mon palais
La dot & les trésors d'Alcmène.
Mon Alcmène pourquoi me fuir!

ALCMÈNE.

Je fuis mon ennemi.

JUPITER.

Moi!

ACLMÈNE.

Vous, oui, vous perfide.
Et c'est encor vous obéir.

JUPITER.

Alcmène écoutez-moi, que la raison vous guide.

ALCMÈNE.

Laissez ma main & ne m'approchez pas.
Si l'honneur remplissoit votre ame,

Oferiez-vous toucher à la main d'une femme,
Qui, loin de la sagesse, a détourné ses pas?

JUPITER.

Qu'ai-je fait?

ALCMÈNE.

Quoi ! par vous, par vous déshonorée.

JUPITER.

Non, vous ne l'êtes point, mais plutôt révérée.

ALCMÈNE.

Moi, révérée, après l'affront
Qui dans Thèbes par vous a fait rougir mon front.

JUPITER.

Je n'aurois jamais cru qu'un simple badinage.

ALCMÈNE.

Comment, c'est par un badinage
Que vous frappez mon cœur du coup le plus mortel?
Comment, le plus terrible outrage
N'est pour vous, n'est pour vous, cruel,
Que le plus simple badinage?
Et votre bouche en fait l'aveu le plus formel.

JUPITER.

Pour vous prouver que c'étoit raillerie
Interrogez, interrogez Sosie.

ALCMÈNE.
Ne dit-il pas qu'hier vous n'êtes point venu ?
JUPITER.
Je le sais bien qu'hier je suis venu.
ALCMÈNE.
Que je ne vous ai point reçu ?
JUPITER.
Non, jamais un époux ne fut si bien reçu ;
Mais si j'en fis un badinage....
ALCMÈNE.
Comment, c'est par un badinage
Que vous frappez mon cœur du coup le plus mortel ?
Comment, le plus terrible outrage...
Et vous osez m'en faire un aveu si cruel ?
JUPITER.
Ah ! pardonnez cette plaisanterie.
ALCMÈNE.
Quelle douleur, ô ciel ! n'ai-je pas ressentie !
JUPITER.
Pardon, mon Alcmène, pardon.
ALCMÈNE.
Non, non, Amphitrion, non, non.
Laissez-moi retourner au sein de ma famille,
Ma tendre mère y recevra sa fille.

JUPITER.
Quoi, vous persistez à vouloir
Par ce départ me mettre au désespoir ?
ALCMÈNE.
Souffrez que Bromia me suive.
JUPITER.
Ah ! c'est défendre que je vive.
ALCMÈNE.
Je n'aurai donc, puisque vous le voulez,
Pour compagne que l'innocence,
De ces momens si purs que vous avez troublés.
JUPITER.
Alcmène, oui votre sagesse,
N'a d'égale que ma tendresse ;
Oui, je le jure à la face des dieux,
J'atteste que ton cœur est pur & vertueux.
Que pour Amphitrion, cruel & non propice,
Jupiter pour toujours le sépare de toi.
Si....
ALCMÈNE.
Non, n'acheves pas, ah ! plutôt qu'il jouisse,
De ses bontés ainsi que moi.
JUPITER.
Tu les mérites, mon Alcmène,
Ensemble oublions cette peine.

Que l'amour calme ce chagrin,
De l'Himen tel est le destin.

(*Alors Alcmène fait signe à Bromia & aux Esclaves de reporter dans son Palais les étoffes & meubles précieux qui en étoient sortis.*)

AIR.

Dans l'union la plus douce,
On se fache, on se courrouce,
Presque toujours pour un rien,
Mais il en résulte un bien,
On s'appaise, & de ce trouble,
Il naît un feu qui redouble,
Les charmes d'un doux lien.

ALCMÈNE.

Mais deviez-vous... hélas, il vaut mieux assoupir,
Ce qui fit ma peine cruelle.

SCÈNE III.

JUPITER, ALCMÈNE, SOSIE.

JUPITER.

Voici Sofie, il ne pouvoit venir
Plus à propos.

SOSIE.
La paix, je vois, est mutuelle.

JUPITER.
Tu favois bien que c'étoit bagatelle,
Et que je badinois.

SOSIE.
Ah ! mon maître, pardon,
Que Jupiter m'anéantisse,
Si je n'aurois juré que c'étoit tout de bon.

JUPITER.
Je vais aux Dieux offrir un facrifice;
Vas-t'en vîte aux Vaisseaux, amène Blépharon,
Nauficrate & Dimas, dis leur que je les prie
De vouloir assister à la cérémonie,
Ensuite en mon Palais aux plaisirs du repas.

SOSIE.
Je vais (foyez en fûr) précipiter mes pas.

OPÉRA.

JUPITER.

Alcmène, allez, je vais suivre vos traces,
Que par vos soins tous nos desirs prévus.

ALCMÈNE.

Amphitrion !

JUPITER.

Alcmène !

ALCMÈNE.

Ah ! dites-moi de grace
Que cela n'arrivera plus.

JUPITER.	ALCMÈNE.
Non, jamais, non, jamais	Non, jamais, jamais Alcmène
Je ne veux offenser Alcmène.	Ne veut quitter Amphitrion.
Jamais une semblable peine	Jamais une semblable peine
Ne troublera notre union.	Ne troublera notre union.
Jamais un tel badinage	Jamais un tel badinage
N'alarmera sa vertu.	N'alarmera ma vertu.
Me pardonne-tu ?	Me le promets-tu ?
Non, jamais, &c.	Non jamais, &c.

JUPITER.

Mercure, accours, & de cette maison
Éloigne Amphitrion & l'esclave Sosie.

SCÈNE IV.

Mercure.

OBÉISSONS encor à cette fantaisie,
    Que d'emplois divers
    Fatiguent mes aîles,
    Les cieux, les enfers,
    Mon pere, & ses belles ;
    Que d'emplois divers
    Fatiguent mes aîles !
    Tantôt chez Pluton,
    Tantôt dans Cythère,
    Tantôt sur la terre,
    Ou chez Apollon,
    Est-il aventure
    Conduite sans moi?
    Mercure, Mercure
    A bien de l'emploi.
Mais, j'apperçois venir Amphitrion qui gronde ;
   Par passe-temps il faut que je seconde
   Le noir chagrin qui l'amène en ces lieux,
Si je m'amuse ici de sa douleur profonde,
Un mortel, quelqu'il soit n'est-il pas trop heureux
    De servir aux plaisirs des Dieux.

SCENE V.

MERCURE, ensuite AMPHITRION.

MERCURE.

A Vénus disoit Junon
Dans les Bosquets de Cythère,
Quelquefois dites-vous non
Au charmant Dieu de la Guerre.
Hé! non, non, grande Junon,
Dans les bosquets de Cythère
Nous ne disons jamais non.

SCÈNE VI.

MERCURE, AMPHITRION.

MERCURE, *chantant.*

A Vénus difoit Junon.

AMPHITRION.

C'eſt Sofie.

MERCURE.

A Vénus difoit un jour Junon,
   Dans les bofquets de Cythère.

AMPHITRION.

Sofie.

MERCURE.

Hé non, non dans Cythère.

AMPHITRION.

Veux-tu parler, Sofie.

MERCURE.

    Hé qui va là?

AMPHITRION.

        Mais, moi.

MERCURE.

MERCURE.
Toi ?
AMPHITRION.
Moi.
MERCURE.
Qui, toi ? dans les bosquets de Cythère...
AMPHITRION.
Veux-tu bien m'écouter, coquin, veux tu te taire ?
MERCURE.
Hé bien que me veux-tu ? qui donc es-tu ?
AMPHITRION.
Moi.
MERCURE.
Toi ?
AMPHITRION.
Amphitrion.
MERCURE.
Amphitrion ?
AMPHITRION.
Amphitrion.
MERCURE.
Amphitrion ?
Non, non.
Amphitrion est près d'Alcmène.
AMPHITRION.
Près d'Alcmène, dis-tu ?
MERCURE.
Sans doute, près d'Alcmène.

E

AMPHTRION.
Veux-tu mourir, coquin?
MERCURE.
Veux-tu que je t'apprenne
A passer ton chemin, & que de ce bâton.
AMPHITRION.
Ne dis-tu pas qu'Alcmène est près d'Amphitrion?
MERCURE.
Sans doute.
AMPHITRION.
Ouvre.
MERCURE.
Non, non, vas t'en, ou ce bâton.
AMPHITRION.
Ce bâton? quoi! contre ton maître?
Que n'en ai-je un, maraud, pour te faire connoître.
MERCURE.
Tiens, le voilà.
AMPHITRION.
Ahi! ahi! ah! scélérat!
MERCURE.
Moi, scélérat! je vais faire venir mon maître,
Et tu vas éprouver sa force & comme il bat.

AMPHITRION.

Qu'il vienne.

MERCURE.

Il va venir, tu vas le voir paroître.

SCENE VII.

AMPHITRION.

Ah! qu'il paroisse! ô Ciel! suis-je dans mon
bon sens?
Rêvai-je, & n'est-ce point un songe?
Une femme! un valet! l'audace & le mensonge,
Et quelqu'un avec elle! & mes cris impuissans....
O sort! à ma peine mortelle
Ce moment dût-il ajouter,
Fais (s'il est vrai qu'elle soit infidelle)
Que je n'en puisse pas douter!

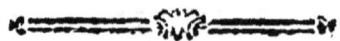

SCÈNE VIII.

AMPHITRION, SOSIE, BLÉPHARON, NAUSICRATE ET SALMOS.

AMPHITRION.

Ah ! te voilà donc, traître, ah ! voilà ce bâton.

SOSIE.

Quoi donc ? quoi donc ?

AMPHITRION.

Tiens, voilà pour Vénus, & voilà pour Junon,
Et pour les bosquets de Cythère.

SOSIE.

Ah ! Ciel ! ah ! Dieux ! pardon, pardon !

BLÉPHARON.

Que dit-il donc de Vénus, de Junon,
Et des bosquets de Cythère ?

NAUSICRATE.

Il a perdu la raison.

SOSIE.

Mon maître, entendez la raison.

NAUSICRATE.

Le malheureux ! qu'a-t-il pu faire ?

AMPHITRION.

Ah ! voilà pour Vénus, & voilà pour Junon,
Et pour les bosquets de Cythère.

BLÉPHARON.

Amphitrion, Amphitrion,
Vous avez perdu la raison.

NAUSICRATE.

Ce malheureux, qu'a-t-il pu faire?

AMPHITRION.

Ce qu'il a fait?

SOSIE.

J'ai fait votre commission,
Et je n'ai rien dit à Junon
Dans les bosquets de Cythère.

NAUSICRATE.

Il nous prie à dîner de votre part.

AMPHITRION.

Non, non.

LES CHEFS.

Non?

AMPHITRION.

Non, je te ferai périr sous ce bâton.

SCÈNE IX.

Les mêmes, JUPITER.

JUPITER.

Ici, qui peut avoir l'audace
D'injurier mon valet?

BLÉPHARON.

Ciel! que vois-je!

NAUSICRATE.

Est-ce lui?

SALMOS.

Quel surprenant objet!

AMPHITRION.

Ciel! que vois-je! grands Dieux! quel surprenant
objet!

SOSIE.

Voici mon maître, & de sa grace
Il vient défendre son valet;
L'autre est un fourbe, & c'est un fait.

LES CHEFS.

Est-il quelqu'un que cela n'embarrasse?

AMPHITRION, *la main sur son épée*.

Défends-toi, traître, à l'instant dans ces lieux
Je vais punir ton insolence extrême.

Les Chefs.

Nous ne souffrirons pas ce combat dangereux
  D'Amphitrion contre lui-même.

Amphitrion.

Oui, je veux à vos propres yeux...

Les Chefs.

Arrêtez, suspendez ce combat dangereux!

Amphitrion.

O ciel! dans ma fureur... Grands Dieux!

Jupiter.

Les mots que dicte la colère
 Eclaircissent mal une affaire.
 Amis, je vous ai fait prier
Pour venir au festin qu'Alcmène nous prépare;
Entrez, & vous après; sur un fait si bizarre
Je saurai vous instruire & tout justifier.
Entrons.

SCÈNE X.

AMPHITRION, SOSIE.

AMPHITRION

Traitres amis, je vais en chercher d'autres;
Que l'attrait d'un repas ne fera pas changer;
Et quels que soient son projet ou les vôtres,
De ce fourbe & de vous je saurai me venger.

SCÈNE XI.

SOSIE, MERCURE.

SOSIE.

Qu'il doit-être piqué d'être mis à la porte
A l'inftant même du repas.
Que je vais bien manger, & qu'à vuider les plats
Mon eftomac puiffamment m'exhorte!

MERCURE.

Où vas-tu?

SOSIE.

Moi, dîner.

MERCURE.

Retourne fur tes pas.

Si seulement tu fais la mine
De vouloir approcher, & d'entrer dans ce lieu,
Par cent coups de bâton, appliqués sur l'échine,
Je saurai modérer le feu
De l'appétit qui te domine.
Adieu.

SOSIE.

Frère Sosie, un mot, un mot, un mot.

MERCURE.

Que veux-tu dire, maître sot?

SOSIE.

Permets-moi que je sois ton ombre,
Et que j'entre en cette maison.

MERCURE.

Non.

SOSIE.

Non ! & que Sosie.

MERCURE.

Encor tu prends mon nom?

SOSIE.

Non, non, je te laisse ton nom;
Mais fais que dans cette maison
(Quelqu'un de plus ne fait pas nombre),
Permets-moi que je sois ton ombre.

F.

MERCURE.

Non.

SOSIE.

Je serai si soumis.

MERCURE.

Non.

SOSIE.

Si doux.

MERCURE.

Non.

SOSIE.

Si bon.

MERCURE.

Non, vîte quitte ce lieu,
Ou je vais t'assommer. Adieu.

SOSIE.

Quel triste Adieu !

SCÈNE XII.

SOSIE, AMPHITRION, DES OFFICIERS THÉBAINS, ET DES CITOYENS DU PEUPLE.

AMPHITRION.

Oui, Citoyens, je demande vengeance ;
Un fourbe, un scélérat a, sous mes propres traits,

Trompé ma femme, & vit dans mon Palais.
Les Citoyens.
Nous venons vous venger, courons à la vengeance.
Amphitrion.
Que ces murs soient escaladés,
Que mes efforts soient secondés;
Courons, courons à la vengeance.

SCÈNE XIII & dernière.

AMPHITRION, Les Citoyens, JUPITER et les Chefs, BLÉPHARON, NAUSICRATE, POLIDAS.

Premiers Chefs.

Arrêtez cette violence,
Suspendez cette violence;
Modérez votre courroux.
Amphitrion lui-même devant vous,
Va manifester sa puissance.

(Alors les éclairs & un grand coup de tonnerre.)

Mercure, *sur le Balcon, son Caducée à la main.*
Connoissez Jupiter, Thébains, prosternez-vous.

(Jupiter paroît dans sa gloire, les Thébains se prosternent, excepté Amphitrion; Mercure se place dans le Char à côté de Jupiter.)

JUPITER.

Les Destins ont marqué la naissance d'Alcide,
 Alcmène, dans son chaste sein,
A cru d'Amphitrion accomplir le Dessein.
 En tout la sagesse la guide,
Hé ! qui peut résister aux décrets du Destin ?

MERCURE.

Quel honneur pour une Thébaine !
 Il faut que l'époux de Junon,
Il faut que Jupiter, pour être aimé d'Alcmène,
 Prenne les traits d'Amphitrion.

(*Le grand-Prêtre reprend tout le couplet ; le Chœur, & sur-tout les Prêtres.*)

Quel honneur pour une Thébaine ! &c.

FIN.

BALLET
DE
MIRZA.

ACTEURS DU BALLET.

LE GOUVERNEUR, Le Sr Goyon.
LINDOR, Le Sr Gardel.
OFFICIER CORSAIRE, Le Sr Nivelon.
COLONEL, Le Sr Favre.
FEMME DU GOUVERNEUR, La D^{lle} Saulnier.
MIRZA, La D^{lle} Guimard.
UNE NÉGRESSE, La D^{lle} Coulon.

PERSONNAGES DANSANS.
OFFICIERS.

Les Srs Milon, Poinon, Coindé, Simonet, Joly, Dupin.

NÈGRES.

Les Srs Leberton, Guillet l. Ducel, Francisque, Coulon, les deux Cymbaliers.

AMÉRICAINS ET AMÉRICAINES.

Le Sr NIVELON, La D^{lle} PERIGNON.

Les Srs Abraham, Lebel, Caster, Deshayes, Clerget, Henry, Guillet c., Barré.

Les D^{lles} Courtois, Masson, Siville, Lacoste, Meziere, Troche, Prault, Labory.

CORSAIRES.

Les Srs Largill'ere, Pladix, Deschamps, Richard.

TAMBOURIN.

Le Sr Carbonel.

www.ingramcontent.com/pod-product-compliance
Lightning Source LLC
LaVergne TN
LVHW050648090426
835512LV00007B/1101